DE LA CONSTITUTION

QUI CONVIENT

AU PEUPLE FRANÇAIS;

PAR Mr. G. DESPRADES.

A PARIS,

CHEZ MICHAUD FRÈRES, LIBRAIRES,

RUE DES BONS-ENFANTS, N°. 34.

DE L'IMPRIMERIE DE L. G. MICHAUD,

M. DCCC. XIV.

DE LA CONSTITUTION

QUI CONVIENT

AU PEUPLE FRANÇAIS.

————

Comment pourrait-on se méprendre sur l'espèce de constitution qui convient désormais au peuple français? Il est fatigué de tous les essais qu'on lui a fait faire en politique, depuis qu'on a porté atteinte à l'autorité royale. On a flétri, desséché tous les cœurs à force de raisonnements sur les droits politiques, de théories et d'abstractions. On éprouve le besoin de se reposer sur des lois d'amour et de confiance mutuelle, que la présence de notre auguste et légitime souverain nous permet enfin d'attendre de sa bonté. A l'exemple des peuples du Danemarck, après de longs orages politiques, nous aurions sans doute assez de motifs pour faire l'abandon entier de nos droits politiques entre les mains du prince qui nous est rendu, et nous le ferions sans danger pour notre liberté; mais nous devons du moins renoncer à notre vaine prudence, et à cet esprit de défiance que nous avons porté jusqu'au pied du trône de notre souverain, pour nous confier dans sa sagesse si long-temps éprouvée par l'expérience et le malheur, et dans ses augustes promesses.

Assez long-temps nous avons été les dupes de ces jongleurs politiques, et de ces faiseurs de systêmes qui s'étaient établis nos législateurs et nos maîtres; ils ne nous ont porté avec eux que trouble et que désordres; ils ont, par de vaines subtilités, sappé tous les principes, excité toutes les passions, brisé tous les liens. Au lieu de rapprocher les peuples des rois, et les rois des peuples, ils ne se sont occupés qu'à élever chaque

jour de nouvelles barrières entre eux, en se-
mant au milieu d'eux des germes de défiance
de discorde et de confusion. La nature plus
sage avait créé le gouvernement paternel
pour les grandes familles comme pour les
petites ; ils ont détruit l'ouvrage de la nature pour lui substituer celui de la présomp-
tion et de l'orgueil. Possédés par le génie du
mal , ils n'ont rendu sur le trépied que des
oracles funestes ; ils ont fait entendre aux
peuples une voix trompeuse qui leur annon-
çait le bonheur , et qui ne prophétisait en
effet pour eux que des maux. N'est-ce pas
de ces oracles imposteurs que sont sortis
tous les attentats et tous les crimes ? Une fa-
tale expérience, de vingt-cinq ans de malheurs, ne suffit-elle pas aujourd'hui pour
dessiller tous les yeux et détruire toutes les
illusions? Que signifient maintenant pour
nous ces mots mystérieux dont ils ont si
long-temps abusé notre crédulité ? Nous n'y
avons trouvé qu'anarchie, licence, désor-

dres et tyrannie. Et ce sont des enfants qu'ils ont ainsi armés contre leur père ! On leur a dit, votre père n'est pas votre maître, il n'est le chef de la famille qu'autant que vous l'aurez librement élu et reconnu comme tel; vainement la nature, ou pour parler plus exactement, celui qui commande à la nature l'a placé au-dessus de vous pour vous gouverner; vous n'avez point de lois à recevoir de lui, vous pouvez vous gouverner vous-mêmes, ou choisir parmi vous celui qui vous gouvernera. Eh quoi ! il existera une famille et elle n'aura pas de chef! Où trouverez-vous donc les liens qui vous unissaient autrefois entre vous par des sentiments d'amour; et par des services mutuels ? Malheureux enfants d'une famille qui n'existe plus, vous avez cessé d'être frères; on vous a fait renoncer à ce bien le plus précieux que Dieu ait pu donner à l'homme en le mettant sur la terre. Vous n'êtes plus que des êtres isolés, jetés au hasard sur les divers points du sol qui vous a vu naître ; semblables à ces sauvages qui vivent dans le sein des forêts, vous voulez, dites-vous, jouir de votre indépendance et de votre liberté ; si vous placez un chef à votre tête , vous voulez régler auparavant avec lui les conditions de votre soumission et de votre obéissance ; vous voulez lui donner des lois, et s'il les enfreint, vous vous choisirez un autre chef. Eh bien ! préparez-vous à en changer sans cesse au gré de vos caprices ; préparez-vous à vivre au milieu des dissentions, des guerres civiles , de l'anarchie et du désordre. Désormais pour vous plus de paix, plus de bonheur, plus de vertus ; les fils ne reconnaîtront plus leurs pères ; les mères imploreront en vain la tendresse et les soins de leurs enfants ; les frères appelleront vainement le secours de leurs frères ; il n'y a plus entre eux que des rapports passagers d'intérêt et de circonstance ; vous avez détruit les liens du sentiment et de la nature, il ne doit plus exister de morale ni publique ni privée.

(8)

Voilà cependant les funestes conséquences de tous ces faux systêmes dont on a flatté notre orgueil et bercé notre ignorance, pour anéantir tous les principes qui unissaient autrefois les souverains et les peuples. Il ne peut y avoir d'ordre dans un état, et de stabilité dans ses lois, qu'autant que les liens de famille seront rétablis et respectés par tous. Le souverain est le chef de la famille, et ses sujets sont ses enfants. Voilà la véritable et la seule origine de tous les droits et de tous les devoirs des uns envers les autres, et non un vain pacte de société. Le souverain doit aimer ses sujets et les gouverner en père; les sujets doivent le respecter et lui obéir comme des enfants obéissent à leur père. Avec de pareils principes le souverain n'est jamais un despote et un tyran, et les sujets ne sont jamais des enfants ingrats et rebelles; par eux il s'établit un commerce mutuel de sentiments d'affection et de devoirs; le prince craint d'affliger ses enfants en leur imposant des lois arbitraires et injustes; il sait qu'il doit veiller au bonheur de tous , et prendre soin du moindre d'entre eux ; il appelle les plus instruits et les plus éclairés à ses conseils; il leur communique ses projets et ses plans de bien public ; il écoute leurs remontrances et fait droit à leurs justes réclamations. Les sujets, à leur tour, sont instruits qu'il ne leur appartient pas d'usurper l'autorité, de prendre de force les rênes du gouvernement que le chef de la famille doit seul diriger, et quand bien même ils s'apercevraient qu'il les tient d'une main ou trop ferme ou trop faible, ils ne se croyent pas autorisés à lui disputer ses droits , encore moins à les lui ravir, parce qu'ils n'oublient jamais le respect et l'amour qu'ils doivent à un père. Ils savent d'ailleurs combien le poids d'un gouvernement aussi compliqué que celui d'une famille immense, est un fardeau difficile à porter même par l'homme le plus habile et le plus expérimenté, et loin de se permettre des critiques présomptueuses et des murmures, ils le plaignent, ils l'éclairent, et lui savent encore gré de ses efforts, même lorsqu'ils gémissent de ses erreurs. Mais quel est le souverain qui se montrera sourd à leurs prières quand il les verra s'approcher de lui, comme des enfants respectueux, pour lui faire connaître leurs doléances et leurs vœux ? Le cœur des souverains héréditaires et légitimes n'est pas insensible comme celui des tyrans et des despotes, qui craignent sans cesse de voir échapper de leurs mains l'autorité qu'ils ont usurpée. Un père n'endurcit point son cœur contre les cris de ses enfants, et l'histoire nous fournirait plutôt des exemples d'enfants ingrats que de pères impitoyables. Pendant que les liens de la famille subsistent, on voit toujours, jusque dans le malheur, tous les droits respectés et la confiance régner ; les sacrifices deviennent mutuels, et le dévouement est égal de toute part.

Ces principes, je crois, valent bien ceux d'une convention sociale qui ne s'adressent qu'à l'esprit et ne disent rien au cœur. Ils assurent dans tous les temps l'ordre et la bonne harmonie entre le souverain qui gouverne et les sujets qui obéissent par affection autant que par devoir. Au lieu des froides combinaisons d'un équilibre de pouvoirs qui n'offre que confusion, et des principes abstraits dont nous avons fait si longtemps une malheureuse expérience, nous allons voir renaître le *règne du sentiment*, qui fit, pendant quatorze siècles, le bonheur de nos pères. Les liens de la famille vont reprendre leur force ; l'auguste souverain qui nous est rendu paraît au milieu de nous véritablement comme un père. Il nous a fait connaître ses nobles et généreux desseins lorsqu'il était encore sur cette terre hospitalière qui l'a conservé à notre amour ; nous l'avons suivi dans sa glorieuse traversée, au milieu des vœux unanimes de tous

ces peuples étrangers, aujourd'hui nos amis
et nos alliés, dont il a commandé l'admiration par ses vertus, ses lumières et son cou-
rage; nous l'avons vu lorsqu'il a touché les
rivages de la France, nous tendre les bras,
nous appeler ses enfants, nous presser contre son cœur ému, et remercier le ciel dont
la protection miraculeuse le ramenait, après
tant d'orages, au sein d'une famille qui n'a
pas cessé d'être malheureuse depuis son
absence. Pourrions-nous encore mécon-
naître un père dans ce roi, le digne fils
d'Henri IV, de Louis XII, de Saint Louis,
l'auguste descendant de tant de rois qui ont
fait la gloire et le bonheur de la France, le
frère de ce héros sublime de dévouement et
d'amour, qui s'est laissé immoler comme
une victime innocente pour expier les erreurs et les crimes d'une nation en délire,
et servir de leçon à la postérité la plus re-
culée? Refuserons-nous notre confiance à
ce roi si long-temps le jouet de la fortune et

des événements, qui s'est toujours montré si grand, si magnanime au milieu d'eux, et qui nous rapporte de cette longue carrière de souffrances toute l'expérience de ses malheurs et des nôtres? Si nous avions en ce moment à choisir un chef pour la famille, et que Louis XVIII ne le fût pas déjà par les droits de sa naissance, où nous serait-il possible de trouver un souverain aussi digne que lui de porter la couronne de nos rois et d'assurer notre bonheur? Ne vient-il pas vers nous, non seulement avec toutes les lumières et l'expérience que le ciel lui donna pour nous gouverner, mais encore avec cette bonté tempérée par un caractère juste et ferme qui peut seule adoucir tous nos maux, éteindre nos ressentiments, apaiser nos discordes et cicatriser toutes nos blessures? N'est il pas enfin ce roi suivant nos cœurs, que nos vœux appelaient depuis si long-temps? N'annonce-t-il pas à la grande famille de l'état qu'il veut en être le père bien plus que le chef; qu'il ne fera aucun acte sans ses délibérations et ses conseils; qu'il veut établir les bases du bonheur public sur une constitution libérale qui soit en harmonie avec les lumières actuelles et les désirs de son peuple; que tous ses sujets sont également ses enfants et qu'il est prêt à se dévouer pour chacun d'eux? Qui pourra lire son immortelle déclaration du 2 mai, sans éprouver les émotions les plus délicieuses d'admiration et d'attendrissement? Voilà bien les sentiments, voilà le langage du bon Henri; il y a si long-temps que nous ne l'avions entendu! Voilà bien la grande famille de l'état rétablie dans tous ses droits, sous son auguste chef, qui l'associe à ses travaux et à ses généreux efforts pour la rendre heureuse. Hommes à systêmes, esprits abstraits qui rêviez le bonheur de votre pays, et n'aviez à nous présenter que des principes aussi faux que dangereux, venez contempler un bon père au milieu de ses enfants, Louis XVIII au milieu du peuple français, et vous ne pourrez vous empêcher de convenir que le lien de famille est le véritable et le seul lien de l'état.

FIN.

9 782011 776662